l'école - de school ... 2
le voyage - de reis ... 5
le transport - het transport ... 8
la ville - de stad ... 10
le paysage - het landschap ... 14
le restaurant - het restaurant ... 17
le supermarché - de supermarkt ... 20
les boissons - de dranken ... 22
l'alimentation - het eten ... 23
la ferme - de boerderij ... 27
la maison - het huis ... 31
le salon - de woonkamer ... 33
la cuisine - de keuken ... 35
la salle de bain - de badkamer ... 38
la chambre d'enfant - de kinderkamer ... 42
les vêtements - de kleding ... 44
le bureau - het kantoor ... 49
l'économie - de economie ... 51
les professions - de beroepen ... 53
les outils - het gereedschap ... 56
les instruments de musique - de muziekinstrumenten ... 57
le zoo - de dierentuin ... 59
les sports - de sport ... 62
les activités - de activiteiten ... 63
la famille - de familie ... 67
le corps - het lichaam ... 68
l'hôpital - het ziekenhuis ... 72
l'urgence - het noodgeval ... 76
la terre - de aarde ... 77
...heure(s) - de klok ... 79
la semaine - de week ... 80
l'année - het jaar ... 81
les formes - de vormen ... 83
les couleurs - de kleuren ... 84
les oppositions - de tegenstellingen ... 85
les nombres - de getallen ... 88
les langues - de talen ... 90
qui / quoi / comment - wie / wat / hoe ... 91
où - waar ... 92

AF175889

Impressum
Verlag: BABADADA GmbH, Nedderfeld 112 , 22529 Hamburg
Geschäftsführer / Verlagsleitung: Harald Hof
Druck: Books on Demand GmbH, In de Tarpen 42, 22848 Norderstedt

Imprint
Publisher: BABADADA GmbH, Nedderfeld 112 , 22529 Hamburg, Germany
Managing Director / Publishing direction: Harald Hof
Print: Books on Demand GmbH, In de Tarpen 42, 22848 Norderstedt

l'école
de school

la salle de classe
het klaslokaal

diviser
delen

186/2

le tableau noir
het bord

la cour (de récréation)
het schoolplein

le professeur
de leraar

le papier
het papier

écrire
schrijven

le stylo
de pen

le bureau
het bureau

la règle
de lineaal

le livre
het boek

l'élève
de leerling

le cartable
de schooltas

la trousse
de etui

le crayon
het potlood

le taille-crayon
de puntenslijper

la gomme
de gum

le carnet à dessin
het schetsblok

2

l'école - de school

le dessin

de tekening

le pinceau

het penseel

la boîte de peinture

de verfdoos

les ciseaux

de schaar

la colle

de lijm

le cahier d'exercices

het schrift

les devoirs

het huiswerk

le chiffre

het getal

additionner

optellen

soustraire

aftrekken

multiplier

vermenigvuldigen

calculer

rekenen

la lettre

de letter

l'alphabet

het alfabet

le mot

het woord

l'école - de school

3

le texte

de tekst

lire

lezen

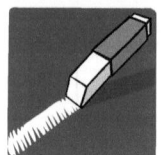

la craie

het krijt

la leçon

de les

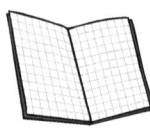

le livre de classe

het klassenboek

l'examen

het examen

le certificat

het diploma

l'uniforme scolaire

het schooluniform

la formation

de opleiding

le lexique

de encyclopedie

l'université

de universiteit

le microscope

de microscoop

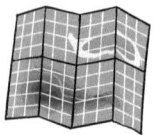

la carte

de kaart

la corbeille à papier

de prullenmand

le voyage
de reis

l'hôtel
het hotel
Grand
l'auberge
het hostel
ROOMS
CHANGE
le bureau de change
het wisselkantoor
la valise
de koffer
la voiture
de auto

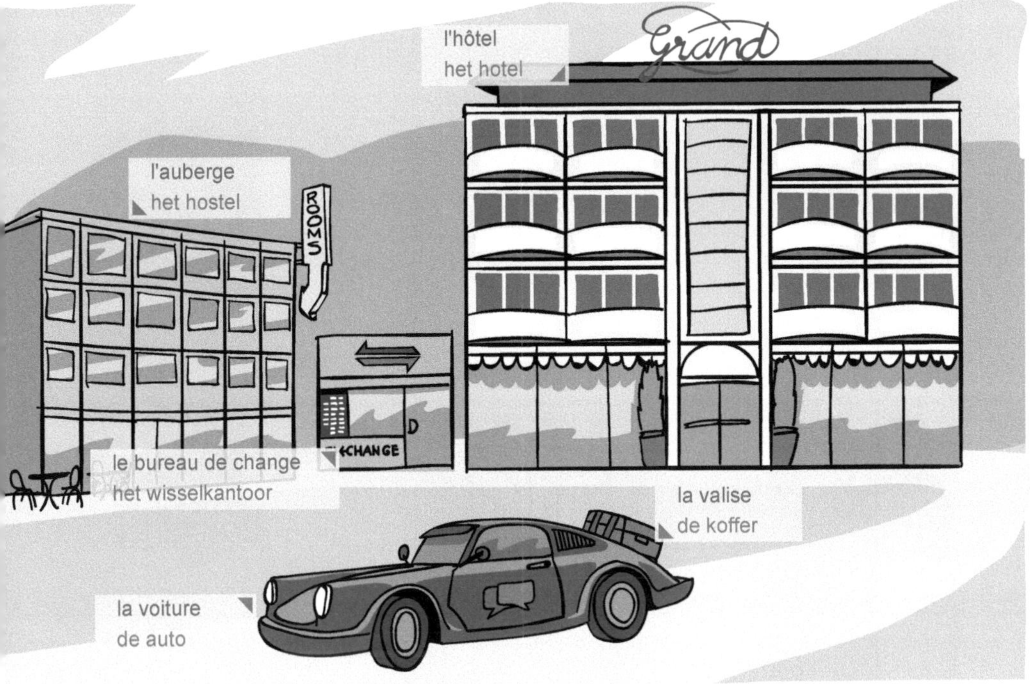

la langue

de taal

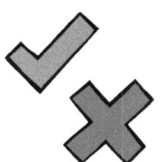

oui / non

ja / nee

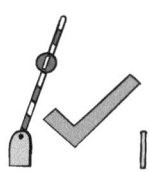

d'accord

oké

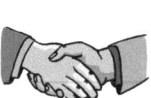

Salut

Hallo!

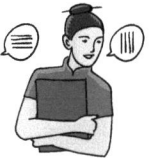

l'interprète

de tolk

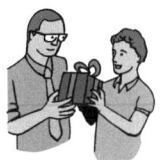

merci

Bedankt.

Combien coûte...?

Wat kost ...?

Je ne comprends pas

Ik begrijp het niet.

le problème

het probleem

Bonsoir !

Goedenavond!

Bonjour !

Goedemorgen!

Bonne nuit !

Goedenacht!

Au revoir

Tot ziens!

la direction

de richting

les bagages

de bagage

le sac

de tas

le sac-à-dos

de rugzak

l'hôte

de gast

la pièce

de kamer

le sac de couchage

de slaapzak

la tente

de tent

l'office de tourisme

het VVV-kantoor

la plage

het strand

la carte de crédit

de creditkaart

le petit-déjeuner

het ontbijt

le déjeuner

de lunch

le dîner

het diner

le billet

het kaartje

l'ascenseur

de lift

le timbre

de postzegel

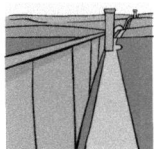

la frontière

de grens

la douane

de douane

l'ambassade

de ambassade

le visa

het visum

le passeport

het paspoort

le voyage - de reis

7

le transport
het transport

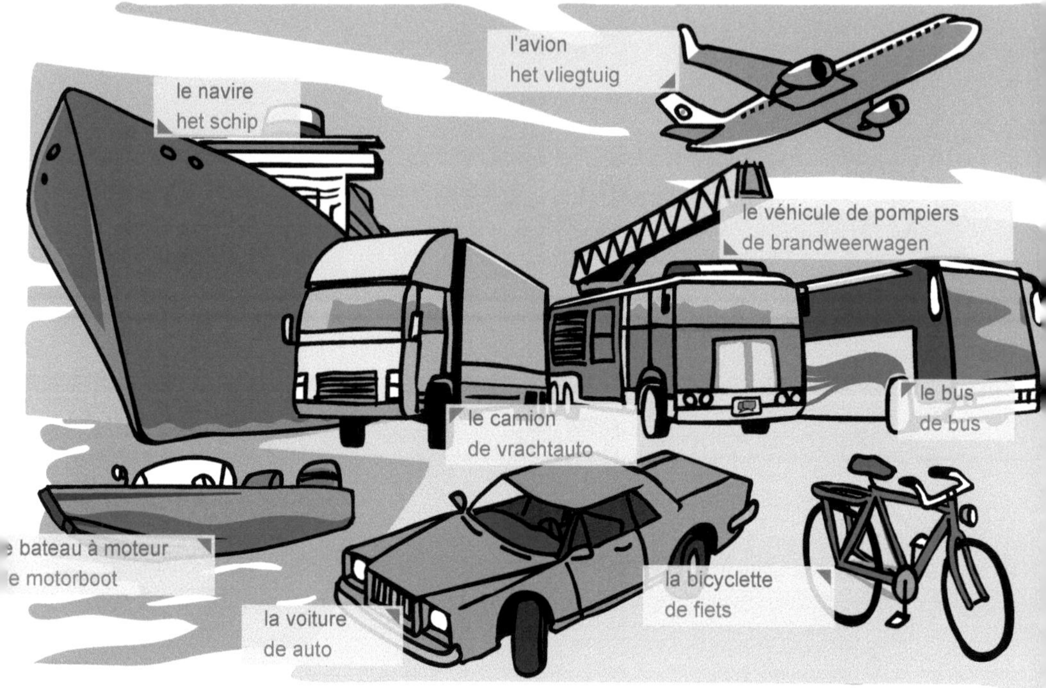

l'avion
het vliegtuig
le navire
het schip
le véhicule de pompiers
de brandweerwagen
le camion
de vrachtauto
le bus
de bus
bateau à moteur
e motorboot
la bicyclette
de fiets
la voiture
de auto

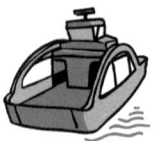

le ferry

de veerboot

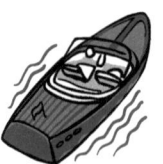

la barque

de boot

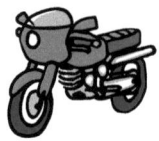

la moto

de motorfiets

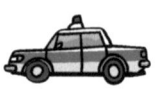

la voiture de police

de politiewagen

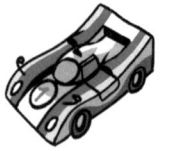

la voiture de course

de raceauto

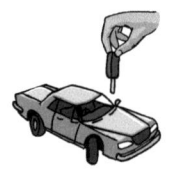

la voiture de location

de huurauto

l'auto-partage

de carsharing

la voiture de remorquage

de takelwagen

la benne à ordures

de vuilniswagen

le moteur

de motor

l'essence

de benzine

la station d'essence

de benzinepomp

le panneau indicateur

het verkeersbord

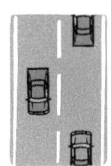

le trafic

het verkeer

l'embouteillage

de file

le parking

de parkeerplaats

la gare

het station

les rails

de rails

le train

de trein

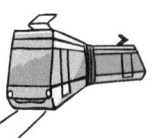

le tramway

de tram

le wagon

de wagon

l'hélicoptère

de helikopter

l'aéroport

de luchthaven

la tour

de toren

le passager

de passagier

le conteneur

de container

le carton

de verhuisdoos

le chariot

de kar

la corbeille

de mand

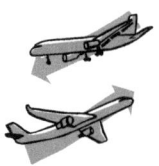

décoller / atterrir

opstijgen / landen

la ville

de stad

le village

het dorp

le centre-ville

het stadscentrum

la maison

het huis

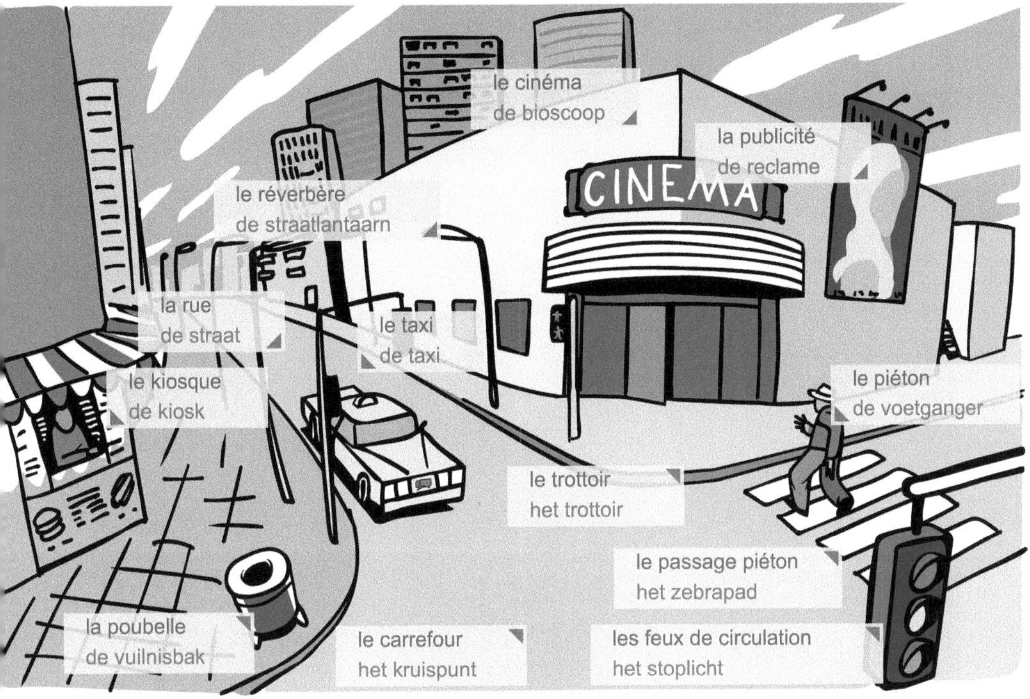

le cinéma
de bioscoop

la publicité
de reclame

le réverbère
de straatlantaarn

CINEMA

la rue
de straat

le taxi
de taxi

le kiosque
de kiosk

le piéton
de voetganger

le trottoir
het trottoir

le passage piéton
het zebrapad

la poubelle
de vuilnisbak

le carrefour
het kruispunt

les feux de circulation
het stoplicht

la cabane
de hut

l'appartement
het appartement

la gare
het station

la mairie
het stadhuis

le musée
het museum

l'école
de school

l'université

de universiteit

la banque

de bank

l'hôpital

het ziekenhuis

l'hôtel

het hotel

la pharmacie

de apotheek

le bureau

het kantoor

la librairie

de boekenwinkel

le magasin

de winkel

le fleuriste

de bloemenwinkel

le supermarché

de supermarkt

le marché

de markt

le grand magasin

het warenhuis

la poissonnerie

de visboer

le centre commercial

het winkelcentrum

le port

de haven

le parc

het park

la banque

de bank

le pont

de brug

les escaliers

de trap

le métro

de metro

le tunnel

de tunnel

l'arrêt de bus

de bushalte

le bar

de bar

le restaurant

het restaurant

la boîte à lettres

de brievenbus

le panneau indicateur

het straatnaambord

le parcmètre

de parkeermeter

le zoo

de dierentuin

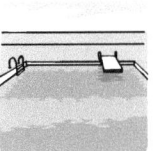

le réverbère

het zwembad

la mosquée

de moskee

la ferme

de boerderij

la pollution

de vervuiling

la cimetière

de begraafplaats

l'église

de kerk

l'aire de jeux

de speelplaats

le temple

de tempel

le paysage
het landschap

la feuille
het blad

le panneau indicateur
de wegwijzer

le chemin
de weg

le pré
de weide

la pierre
de steen

l'arbre
de boom

le randonneur
de wandelaar

la rivière
de rivier

l'herbe
het gras

la fleur
de bloem

la vallée

de vallei

la montagne

de berg

le lac

het meer

la forêt

het bos

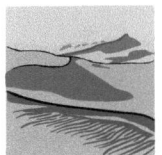

le désert

de woestijn

le volcan

de vulkaan

le château

het kasteel

l'arc-en-ciel

de regenboog

le champignon

de paddenstoel

le palmier

de palmboom

le moustique

de mug

la mouche

de vlieg

les fourmis

de mier

l'abeille

de bij

l'araignée

de spin

le coléoptère

de kever

la grenouille

de kikker

l'écureuil

de eekhoorn

le hérisson

de egel

le lièvre

de haas

la chouette

de uil

l'oiseau

de vogel

le cygne

de zwaan

le sanglier

het wild zwijn

le cerf

het hert

l'élan

de eland

le barrage

de stuwdam

l'éolienne

de windmolen

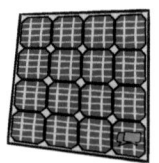

le panneau solaire

het zonnepaneel

le climat

het klimaat

le restaurant
het restaurant

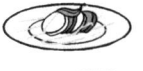

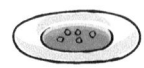

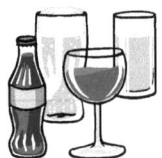

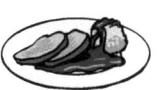

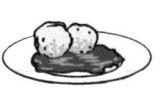

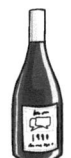

le serveur
de ober
le menu
het menu
la chaise
de stoel
la soupe
de soep
la pizza
de pizza
les couverts
het bestek
la nappe
het tafelkleed

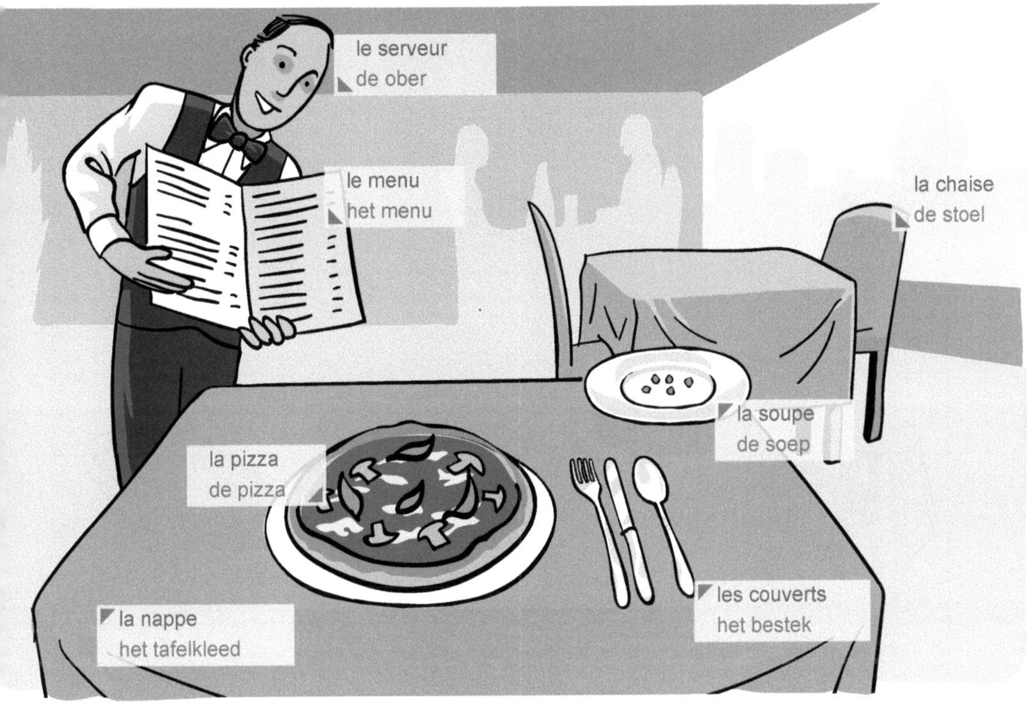

les hors d'œuvre

het voorgerecht

le plat principal

het hoofdgerecht

le dessert

het toetje

les boissons

de dranken

l'alimentation

het eten

la bouteille

de fles

le fast-food

de/het fastfood

les plats à emporter

het eetkraampje

la théière

de theepot

le sucrier

de suikerpot

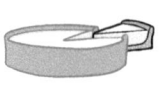

la portion

de portie

la machine à expresso

de espressomachine

la chaise haute

de kinderstoel

la facture

de rekening

le plateau

het dienblad

le couteau

het mes

la fourchette

de vork

la cuillère

de lepel

la cuillère à thé

de theelepel

la serviette

het servet

le verre

het glas

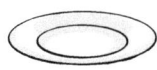

l'assiette

het bord

l'assiette à soupe

het soepbord

la soucoupe

de schotel

la sauce

de saus

la salière

het zoutvaatje

le moulin à poivre

de pepermolen

le vinaigre

de azijn

l'huile

de olie

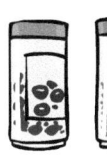

les épices

de kruiden

le ketchup

de ketchup

la moutarde

de mosterd

la mayonnaise

de mayonaise

le supermarché
de supermarkt

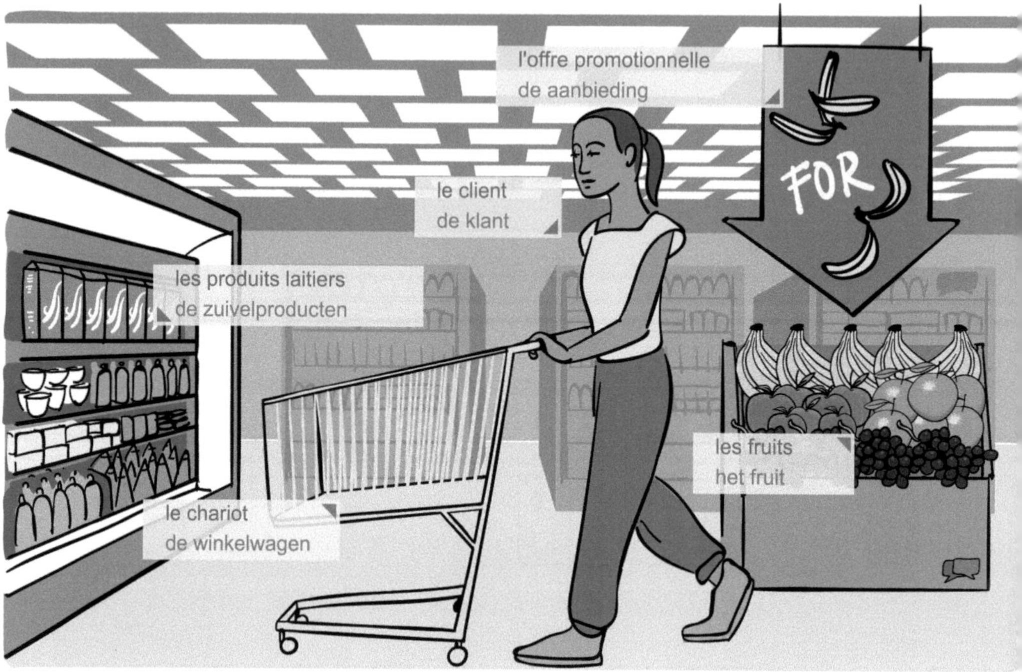

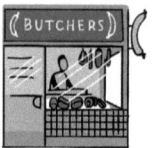

l'offre promotionnelle
de aanbieding
FOR
le client
de klant
les produits laitiers
de zuivelproducten
les fruits
het fruit
le chariot
de winkelwagen

BUTCHERS

la boucherie

de slager

BAKERY

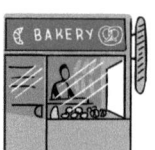

la boulangerie

de bakkerij

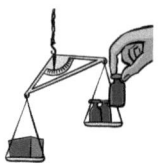

peser

wegen

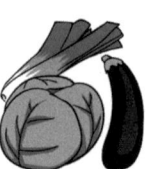

les légumes

de groente

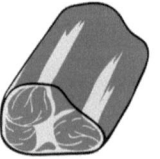

la viande

het vlees

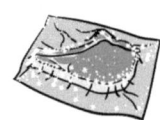

les aliments surgelés

de diepvriesproducten

la charcuterie

de vleeswaren

les conserves

de conserven

la poudre à lessive

het wasmiddel

les bonbons

het snoepgoed

les articles ménagers

de huishoudelijke artikelen

les détergents

het schoonmaakmiddel

la vendeuse

de verkoopster

la caisse

de kassa

le caissier

de kassier

la liste d'achats

het boodschappenlijstje

les heures d'ouverture

de openingstijden

le portefeuille

de portefeuille

la carte de crédit

de creditkaart

le sac

de tas

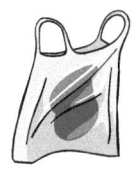

le sac en plastique

de plastic zak

les boissons
de dranken

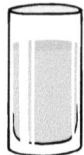

l'eau

het water

le jus de fruit

het sap

le lait

de melk

le coca

de cola

le vin

de wijn

la bière

het bier

l'alcool

de alcohol

le chocolat chaud

de chocolademelk

le thé

de thee

le café

de koffie

l'expresso

de espresso

le cappuccino

de cappuccino

la banane

de banaan

la pomme

de appel

l'orange

de sinaasappel

le melon

de watermeloen

le citron.

de citroen

la carotte

de wortel

l'ail

de knoflook

le bambou

de bamboe

l'oignon

de ui

le champignon

de paddenstoel

les noisettes

de noten

les pâtes

de pasta

les spaghetti

de spaghetti

le riz

de rijst

la salade

de salade

les pommes frites

de friet

les pommes de terre rôties

de gebakken aardappelen

le hamburger

de hamburger

la pizza

de pizza

le hamburger

de hamburger

le sandwich

de sandwich

l'escalope

de schnitzel

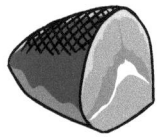

le jambon

de ham

le salami

de salami

la saucisse

de worst

le poulet

de kip

le rôti

het gebraad

le poisson

de vis

les flocons d'avoine

de havermout

le muesli

de muesli

les cornflakes

de cornflakes

la farine

het meel

le croissant

de croissant

les petits-pains

de broodjes

le pain

het brood

le pain grillé

de toast

les biscuits

de koekjes

le beurre

de boter

le fromage blanc

de kwark

le gâteau

de taart

l'œuf

het ei

l'œuf au plat

het gebakken ei

le fromage

de kaas

l'alimentation - het eten

la glace

het ijs

le sucre

de suiker

le miel

de honing

la confiture

de jam

la crème nougat

de chocoladepasta

le curry

de kerrie

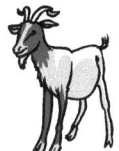

la ferme
de boerderij

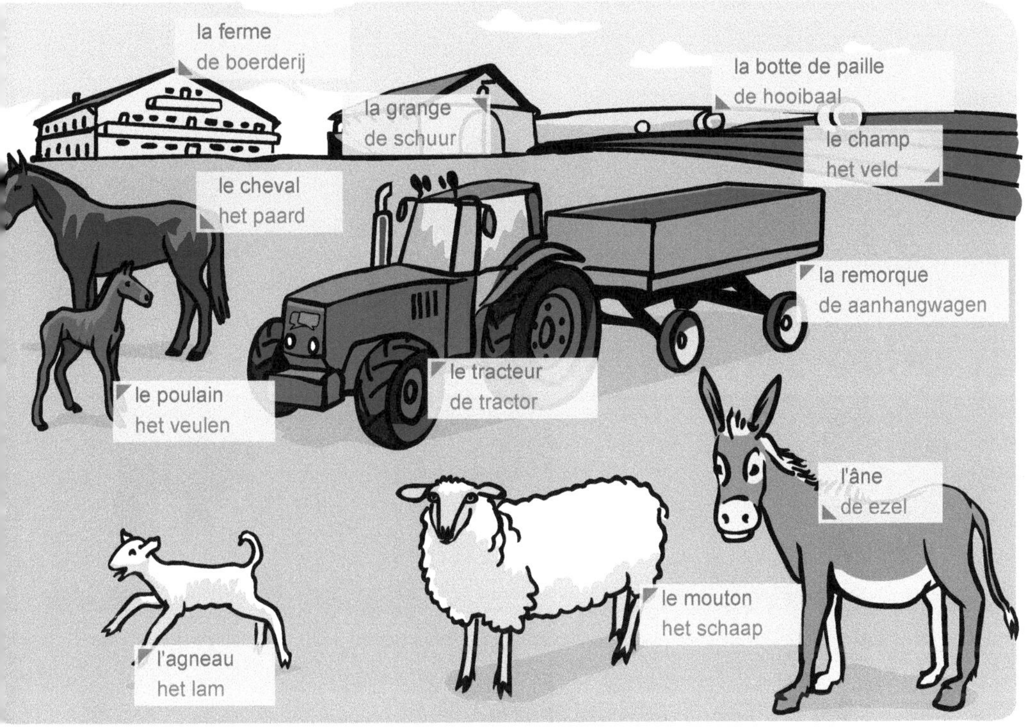
la ferme
de boerderij
la botte de paille
de hooibaal
la grange
de schuur
le champ
het veld
le cheval
het paard
la remorque
de aanhangwagen
le tracteur
de tractor
le poulain
het veulen
l'âne
de ezel
le mouton
het schaap
l'agneau
het lam

la chèvre
de geit

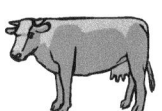

la vache
de koe

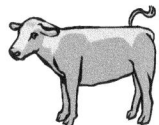

le veau
het kalf

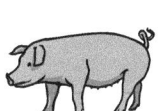

le porc
het varken

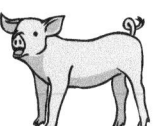

le porcelet
de big

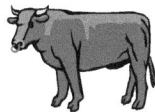

le taureau
de stier

l'oie

de gans

le canard

de eend

le poussin

het kuiken

la poule

de kip

le coq

de haan

le rat

de rat

le chat

de kat

la souris

de muis

le bœuf

de os

le chien

de hond

le chenil

het hondenhok

le tuyau de jardin

de tuinslang

l'arrosoir

de gieter

la faucheuse

de zeis

la charrue

de ploeg

la faucille

de sikkel

la pioche

de schoffel

la fourche

de hooivork

la hache

de bijl

la brouette

de kruiwagen

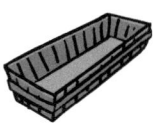

la cuve

de trog

le pot à lait

de melkbus

le sac

de zak

la clôture

het hek

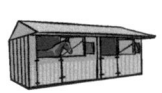

l'étable

de stal

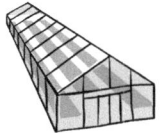

le serre

de broeikas

le sol

de grond

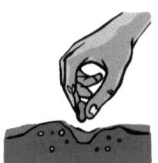

les semences

het zaad

l'engrais

de mest

la moissonneuse-batteuse

de maaidorser

récolter

oogsten

la récolte

de oogst

l'igname

de yam

le blé

de tarwe

le soja

de soja

la pomme de terre

de aardappel

le maïs

de maïs

le colza

het koolzaad

l'arbre fruitier

de fruitboom

le manioc

de maniok

les céréales

de granen

la maison
het huis

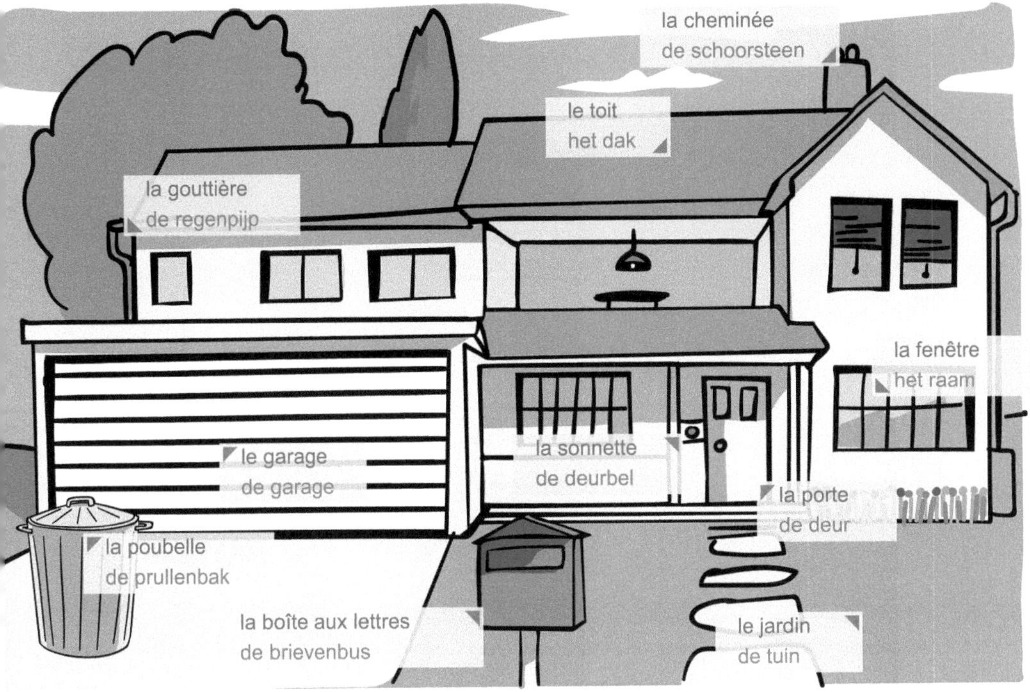

la cheminée
de schoorsteen

le toit
het dak

la gouttière
de regenpijp

la fenêtre
het raam

le garage
de garage

la sonnette
de deurbel

la porte
de deur

la poubelle
de prullenbak

la boîte aux lettres
de brievenbus

le jardin
de tuin

le salon
de woonkamer

la salle de bain
de badkamer

le salon

la cuisine
de keuken

la chambre à coucher
de slaapkamer

la chambre d'enfant
de kinderkamer

la salle à manger
de eetkamer

la maison - het huis

31

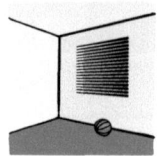

le sol

de vloer

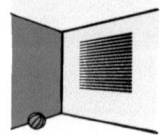

le mur

de muur

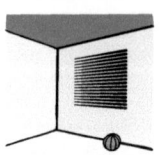

le plafond

het plafond

la cave

de kelder

le sauna

de sauna

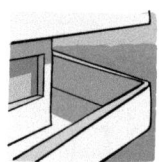

le balcon

het balkon

la terrasse

het terras

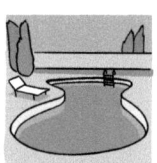

la piscine

het zwembad

la tondeuse à gazon

de grasmaaier

la housse

het laken

la couette

de bedsprei

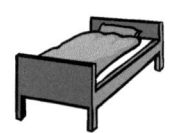

le lit

het bed

le balai

de bezem

le sceau

de emmer

l'interrupteur

de schakelaar

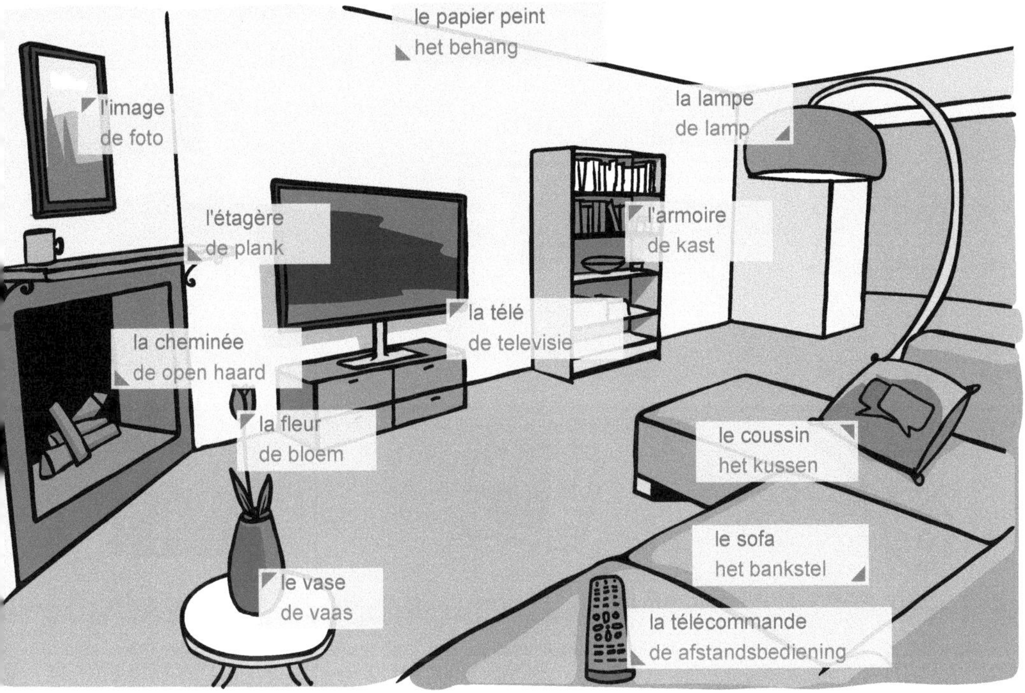

le papier peint
het behang

l'image
de foto

la lampe
de lamp

l'étagère
de plank

l'armoire
de kast

la télé
de televisie

la cheminée
de open haard

la fleur
de bloem

le coussin
het kussen

le sofa
het bankstel

le vase
de vaas

la télécommande
de afstandsbediening

le tapis
het tapijt

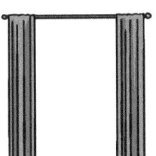

le rideau
het gordijn

la table
de tafel

la chaise
de stoel

la chaise à bascule
de schommelstoel

le fauteuil
de stoel

le livre

het boek

la couverture

de deken

la décoration

de decoratie

le bois de chauffage

het brandhout

le film

de film

la chaîne hi-fi

de stereo-installatie

la clé

de sleutel

le journal

de krant

la peinture

het schilderij

le poster

de poster

la radio

de radio

le bloc-notes

het kladblok

l'aspirateur

de stofzuiger

le cactus

de cactus

la bougie

de kaars

la cuisine
de keuken

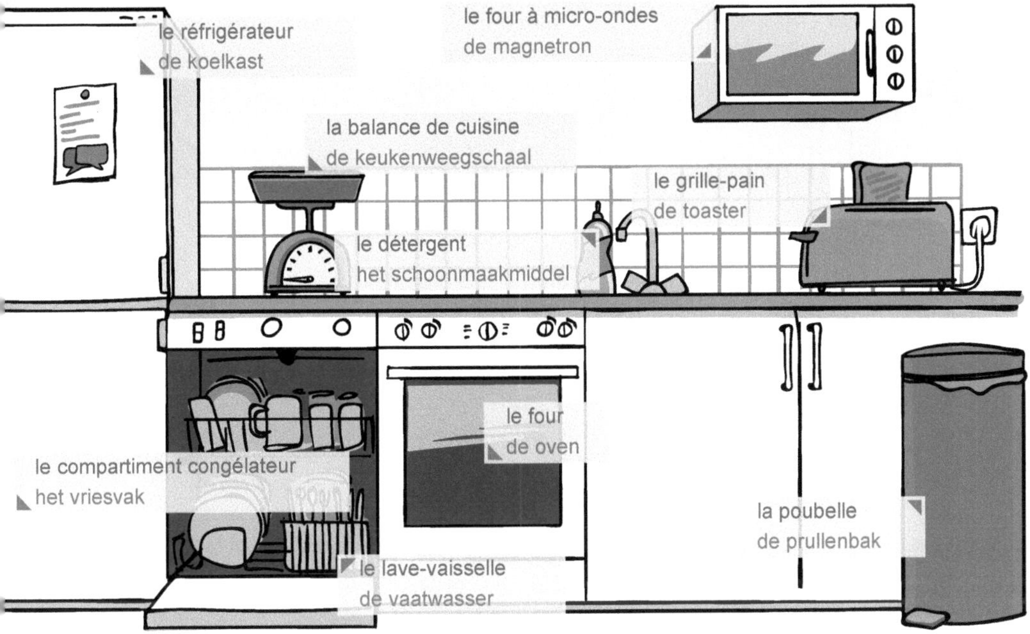

le réfrigérateur
de koelkast
le four à micro-ondes
de magnetron
la balance de cuisine
de keukenweegschaal
le grille-pain
de toaster
le détergent
het schoonmaakmiddel
le four
de oven
le compartiment congélateur
het vriesvak
la poubelle
de prullenbak
le lave-vaisselle
de vaatwasser

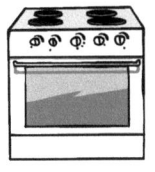

le four
....
het fornuis

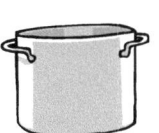

la casserole
....
de pan

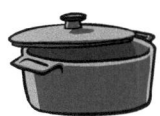

la marmite
....
de gietijzeren pan

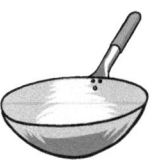

le wok / kadai
....
de wok / kadai

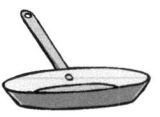

la poêle
....
de koekenpan

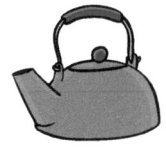

la bouilloire electrique
....
de ketel

le cuiseur vapeur

de stoomkoker

la plaque de cuisson

de bakplaat

la vaisselle

het servies

le gobelet

de beker

la coupe

de kom

les baguettes

de eetstokjes

la louche

de soeplepel

la spatule

de spatel

le fouet

de garde

la passoire

het vergiet

le tamis

de zeef

la râpe

de rasp

le mortier

de vijzel

le barbecue

de barbecue

la cheminée

de vuurhaard

la planche à découper

de snijplank

le rouleau à pâtisserie

de deegroller

le tire-bouchon

de kurkentrekker

la boîte

het blik

l'ouvre-boîte

de blikopener

les maniques

de pannenlap

le lavabo

de wasbak

la brosse

de borstel

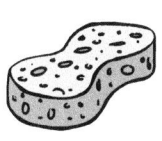

l'éponge

de spons

le mixeur

de blender

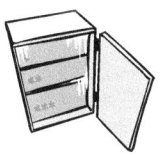

le congélateur

de vriezer

le biberon

het babyflesje

le robinet

de kraan

la salle de bain
de badkamer

le chauffage
de verwarming

la douche
de douche

la serviette
de handdoek

le rideau de douche
het douchegordijn

le bain moussant
het bubbelbad

la baignoire
het bad

le verre
het glas

la machine à laver
de wasmachine

le robinet
de kraan

le carrelage
de tegels

le pot
het potje

le lavabo
de wasbak

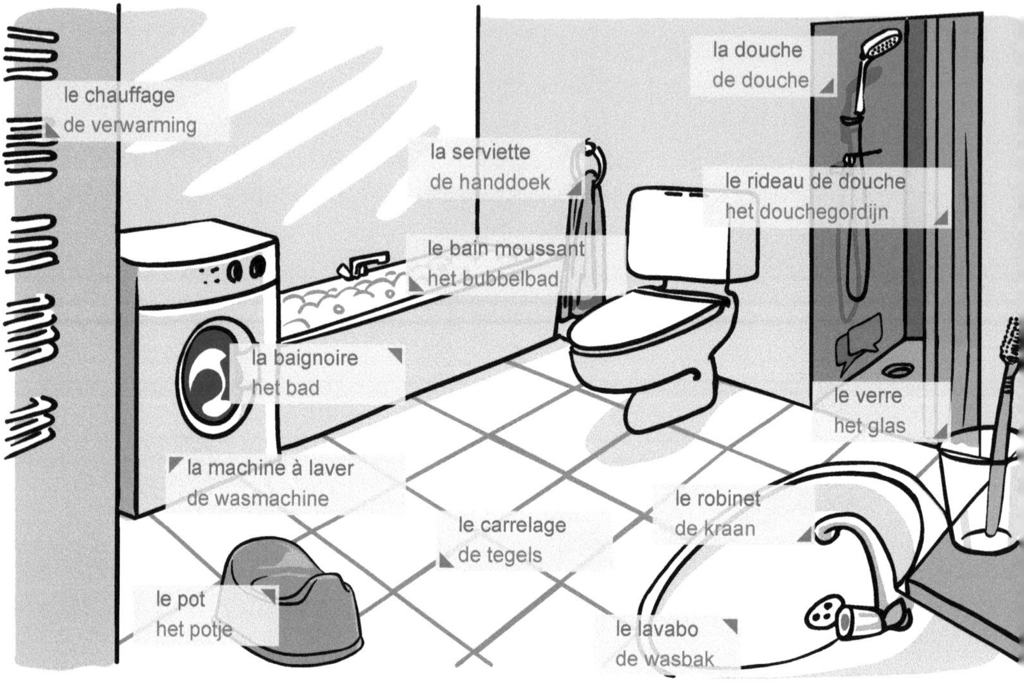

les toilettes
het toilet

la toilette à la turque
het hurktoilet

le bidet
de/het bidet

l'urinoir
het urinoir

le papier toilette
het toiletpapier

la brosse à toilette
de toiletborstel

38   la salle de bain - de badkamer

la brosse à dents

de tandenborstel

le dentifrice

de tandpasta

le fil dentaire

het flosdraad

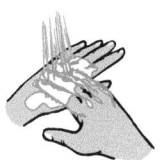

laver

wassen

la douche manuelle

de handdouche

la douche intime

de toiletdouche

la vasque

de waskom

la brosse dorsale

de rugborstel

le savon

de zeep

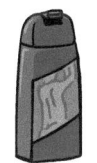

le gel douche

de douchegel

le shampooing

de shampoo

le gant de toilette

het washandje

l'écoulement

de afvoer

la crème

de creme

le déodorant

de deodorant

le miroir

de spiegel

le miroir cosmétique

de make-upspiegel

le rasoir

het scheermes

la mousse à raser

het scheerschuim

l'après-rasage

de aftershave

la peigne

de kam

la brosse

de borstel

le sèche-cheveux

de haardroger

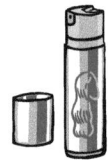

la laque pour cheveux

de haarspray

le fond de teint

de make-up

le rouge à lèvres

de lippenstift

le vernis à ongles

de nagellak

l'ouate

de watten

le coupe-ongles

het nagelschaartje

le parfum

de/het parfum

la trousse de toilette

de toilettas

le tabouret

de kruk

le pèse-personne

de weegschaal

le peignoir

de badjas

les gants de nettoyage

de rubber handschoenen

le tampon

de tampon

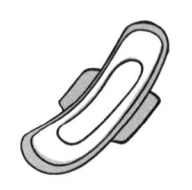

les serviettes hygiéniques

het maandverband

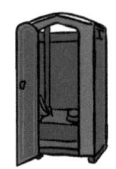

la toilette chimique

het chemisch toilet

la chambre d'enfant

de kinderkamer

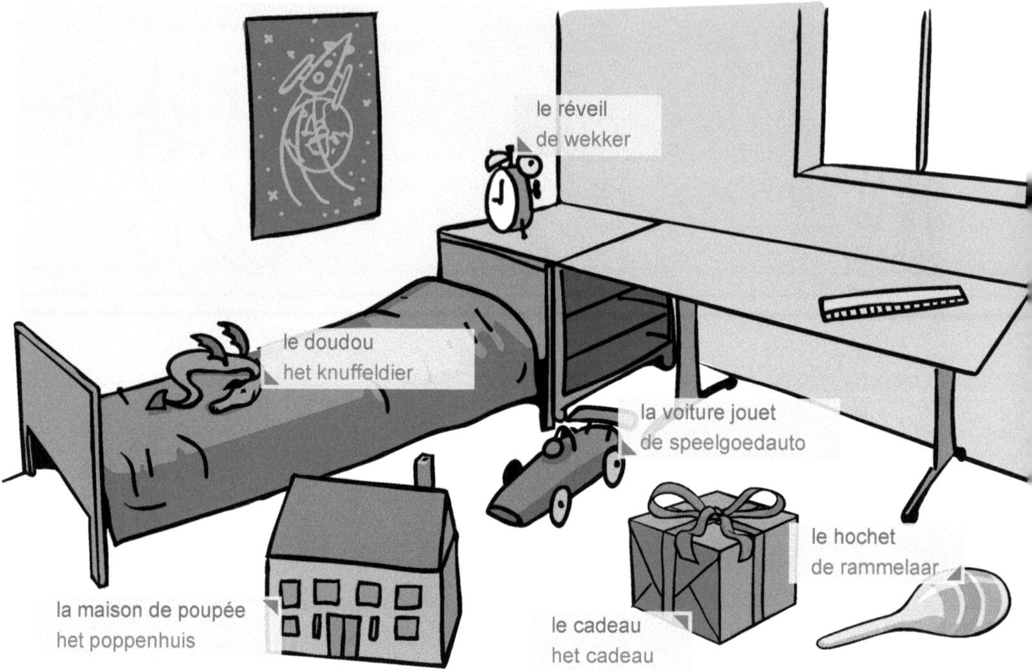

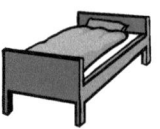

le réveil
de wekker
le doudou
het knuffeldier
la voiture jouet
de speelgoedauto
le hochet
de rammelaar
la maison de poupée
het poppenhuis
le cadeau
het cadeau

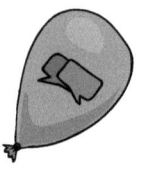

le ballon

de ballon

le lit

het bed

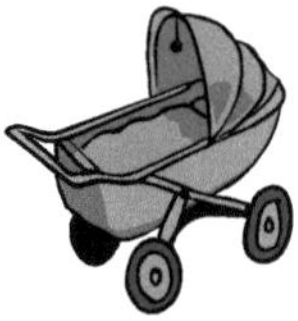

la poussette

de kinderwagen

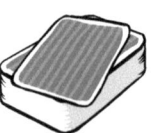

le jeu de cartes

het kaartspel

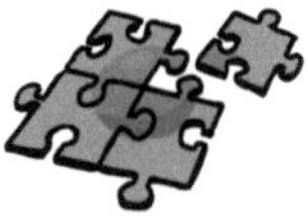

le puzzle

de puzzel

SUPER MEGA

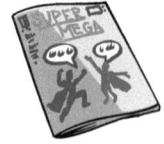

la bande dessinée

het stripverhaal

les pièces lego

de legostenen

les blocs de construction

de speelgoedblokken

les blocs de construction

la figurine

het actiefiguurtje

la grenouillère

de romper

le frisbee

de frisbee

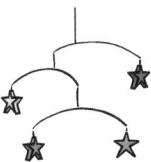

le mobile

de/het mobile

le jeu de société

het bordspel

le dé

de dobbelsteen

le train miniature

de modeltrein

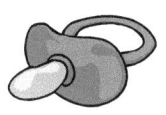

la sucette

de speen

la fête

het feestje

le livre d'images

het prentenboek

la balle

de bal

la poupée

de pop

jouer

spelen

le bac à sable

de zandbak

la balançoire

de schommel

les jouets

het speelgoed

la console de jeu

de spelcomputer

le tricycle

de driewieler

l'ours en peluche

de teddybeer

l'armoire

de kleerkast

les vêtements

de kleding

les chaussettes

de sokken

les bas

de kousen

le collant

de panty

l'écharpe
de sjaal

la ceinture
de riem

le parapluie
de paraplu

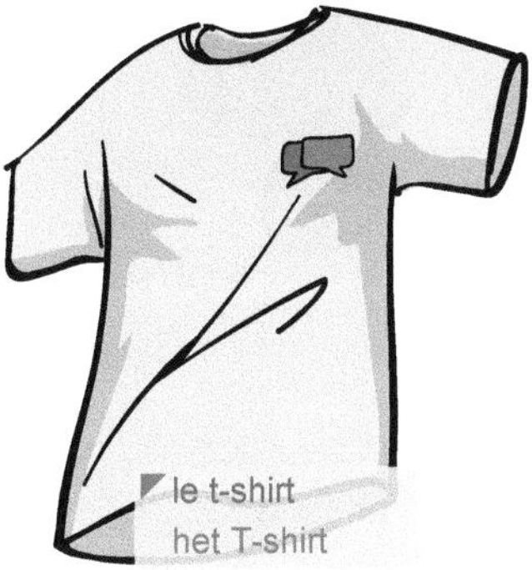

le t-shirt
het T-shirt

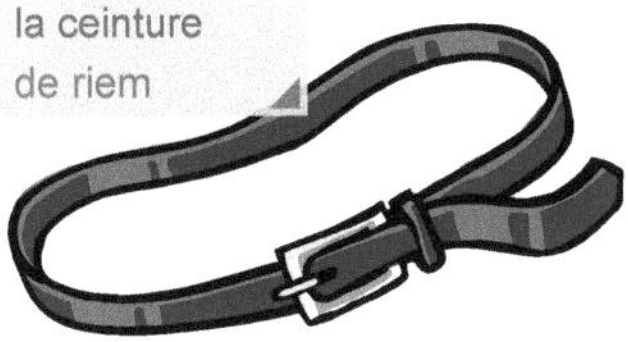

les baskets
de sportschoenen

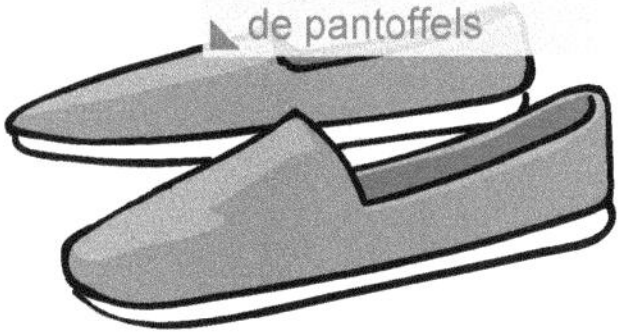

les bottes
de laarzen

les pantoufles
de pantoffels

les sandales
de sandalen

les chaussures
de schoenen

les bottes de caoutchouc
de rubberlaarzen

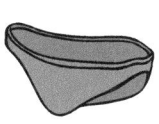

les sous-vêtements
de onderbroek

le soutien-gorge
de beha

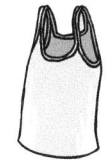

le maillot de corps
het onderhemd

le body

de body

le pantalon

de broek

le jean

de spijkerbroek

la jupe

de rok

le chemisier

de blouse

la chemise

het overhemd

le pull

de trui

le sweat à capuche

de hoody

la veste

de blazer

la veste

de jas

le manteau

de mantel

l'imperméable

de regenjas

le costume

het kostuum

la robe

de jurk

la robe de mariée

de trouwjurk

le costume

het pak

la chemise de nuit

het nachthemd

le pyjama

de pyjama

le sari

de sari

le foulard

de hoofddoek

le turban

de tulband

la burqa

de boerka

le caftan

de kaftan

l'abaya

de abaja

le maillot de bain

het zwempak

le maillot de bain

de zwembroek

le short

de korte broek

la tenue d'entraînement

het trainingspak

le tablier

de/het schort

les gants

de handschoenen

le bouton

de knoop

les lunettes

de bril

le bracelet

de armband

le collier

de ketting

la bague

de ring

la boucle d'oreille

de oorbel

le bonnet

de pet

le cintre

de kledinghanger

le chapeau

de hoed

la cravate

de stropdas

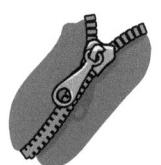

la fermeture éclair

de rits

le casque

de helm

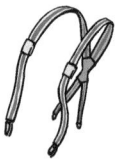

les bretelles

de bretels

l'uniforme scolaire

het schooluniform

l'uniforme

het uniform

le bavoir

het slabbetje

la sucette

de speen

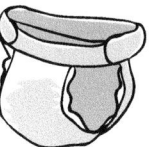

la lange

de luier

le bureau
het kantoor

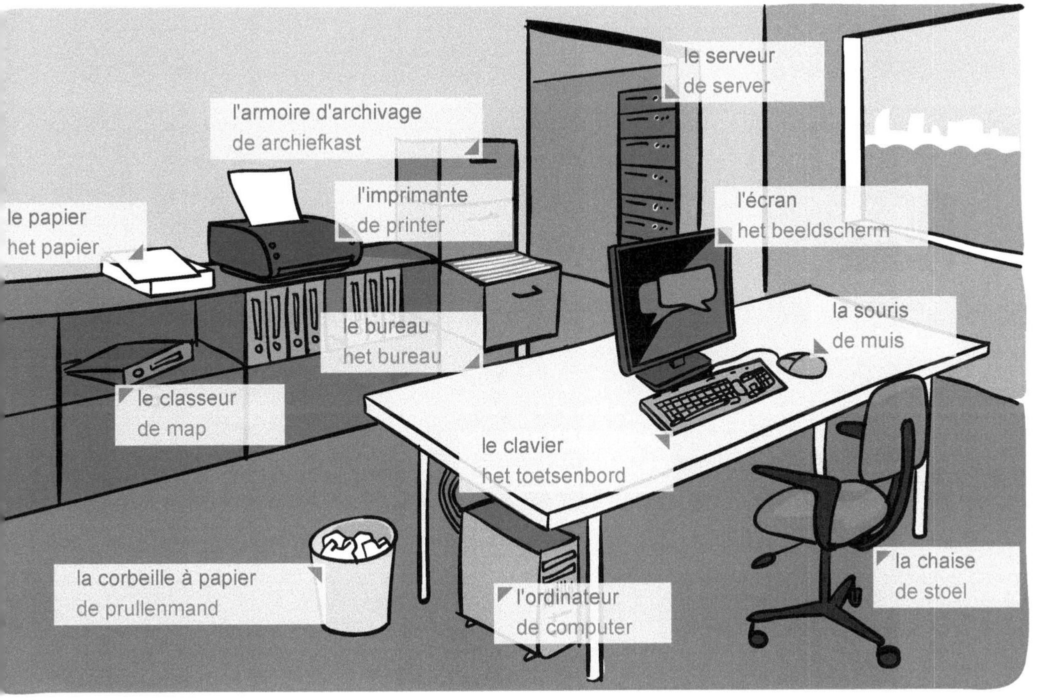

le serveur
de server

l'armoire d'archivage
de archiefkast

l'imprimante
de printer

l'écran
het beeldscherm

le papier
het papier

le bureau
het bureau

la souris
de muis

le classeur
de map

le clavier
het toetsenbord

la corbeille à papier
de prullenmand

la chaise
de stoel

l'ordinateur
de computer

la tasse de café

de koffiemok

la calculatrice

de rekenmachine

l'internet

het internet

le bureau - het kantoor

49

l'ordinateur portable

de laptop

la lettre

de brief

le message

het bericht

le portable

de mobiele telefoon

le réseau

het netwerk

la photocopieuse

de kopieermachine

le logiciel

de software

le téléphone

de telefoon

la prise

het stopcontact

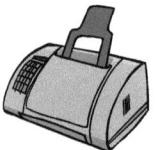

le fax

de fax

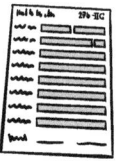

le formulaire

het formulier

le document

het document

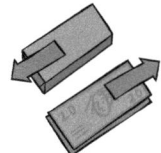

acheter

kopen

payer

betalen

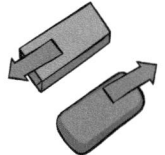

faire du commerce

handel drijven

la monnaie

het geld

USD

le dollar

de dollar

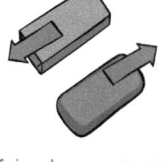
EUR

l'euro

de euro

JPY

le yen

de yen

RUB

le rouble

de roebel

CHF

le franc suisse

de Zwitserse frank

CNY

le renminbi yuan

de renminbi yuan

INR

la roupie

de roepie

le distributeur automatique

de geldautomaat

le bureau de change

het wisselkantoor

l'or

het goud

l'argent

het zilver

le pétrole

de olie

l'énergie

de energie

le prix

de prijs

le contrat

het contract

la taxe

de belasting

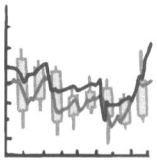

l'action

het aandeel

travailler

werken

l'employé

de werknemer

l'employeur

de werkgever

l'usine

de fabriek

le magasin

de winkel

52

l'économie - de economie

les professions
de beroepen

l'agent de police
de politieagent

le pompier
de brandweerman

le cuisinier
de kok

le médecin
de dokter

le pilote
de piloot

le jardinier
de tuinman

le menuisier
de timmerman

la couturière
de naaister

le juge
de rechter

le chimiste
de scheikundige

l'acteur
de toneelspeler

le conducteur de bus

de buschauffeur

le chauffeur de taxi

de taxichauffeur

le pêcheur

de visser

la femme de ménage

de schoonmaakster

le couvreur

de dakdekker

le serveur

de ober

le chasseur

de jager

le peintre

de schilder

le boulanger

de bakker

l'électricien

de elektricien

l'ouvrier

de bouwvakker

l'ingénieur

de ingenieur

le boucher

de slager

le plombier

de loodgieter

le facteur

de postbode

le soldat

de soldaat

l'architecte

de architect

le caissier

de kassier

le fleuriste

de bloemist

le coiffeur

de kapper

le contrôleur

de conducteur

le mécanicien

de monteur

le capitaine

de kapitein

le dentiste

de tandarts

le scientifique

de wetenschapper

le rabbin

de rabbi

l'imam

de imam

le moine

de monnik

le prêtre

de pastoor

les outils
het gereedschap

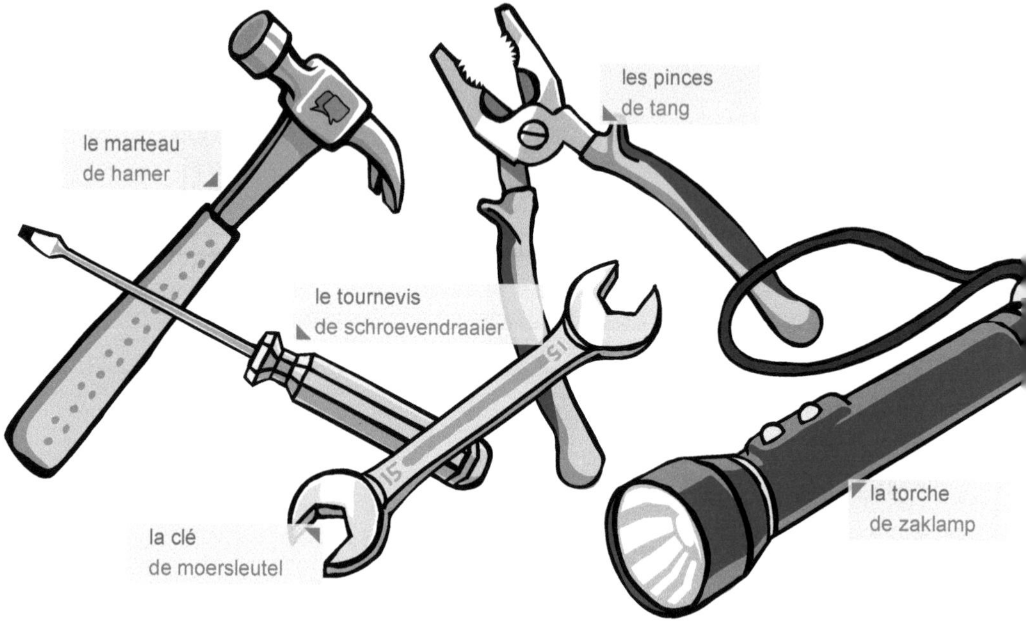

le marteau
de hamer

les pinces
de tang

le tournevis
de schroevendraaier

la clé
de moersleutel

la torche
de zaklamp

la pelleteuse
de graafmachine

la boîte à outils
de gereedschapskist

l'échelle
de ladder

la scie
de zaag

les clous
de spijkers

la perceuse
de boor

réparer

repareren

la pelle

de schep

Mince !

Verdorie!

la pelle

het stofblik

le pot de peinture

de verfpot

les vis

de schroeven

les instruments de musique
de muziekinstrumenten

le haut-parleurs
de luidspreker

la batterie
het drumstel

la guitare
de gitaar

la contrebasse
de contrabas

la trompette
de trompet

le piano

de piano

le violon

de viool

la basse

de bas

les timbales

de pauk

le tambour

de trommel

le piano électrique

het keyboard

le saxophone

de saxofoon

la flûte

de fluit

le microphone

de microfoon

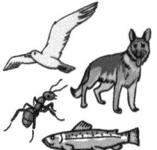

le zoo

de dierentuin

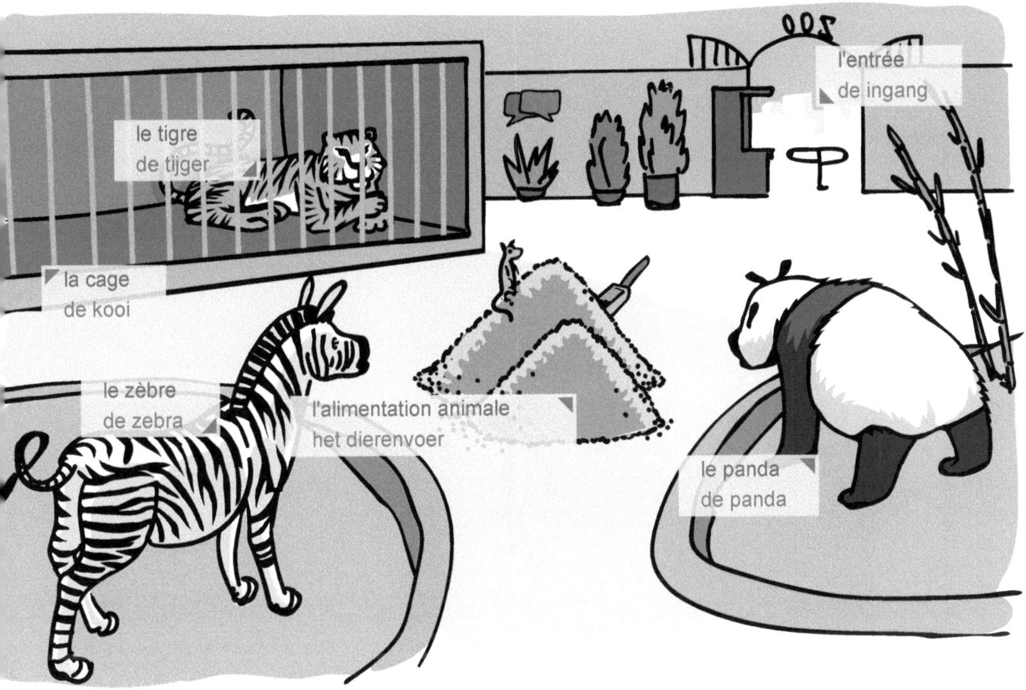
l'entrée
de ingang
le tigre
de tijger
la cage
de kooi
le zèbre
de zebra
l'alimentation animale
het dierenvoer
le panda
de panda

les animaux

de dieren

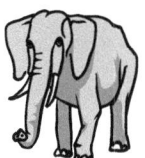

l'éléphant

de olifant

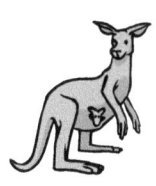

le kangourou

de kangoeroe

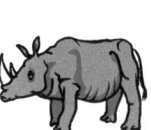

le rhinocéros

de neushoorn

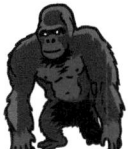

le gorille

de gorilla

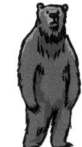

l'ours

de beer

le chameau

de kameel

l'autruche

de struisvogel

le lion

de leeuw

le singe

de aap

le flamand rose

de flamingo

le perroquet

de papegaai

l'ours polaire

de ijsbeer

le pingouin

de pinguïn

le requin

de haai

le paon

de pauw

le serpent

de slang

le crocodile

de krokodil

le gardien de zoo

de dierenverzorger

le phoque

de zeehond

le jaguar

de jaguar

60   le zoo - de dierentuin

le poney

de pony

le léopard

de/het luipaard

l'hippopotame

het nijlpaard

la girafe

de giraffe

l'aigle

de adelaar

le sanglier

het wild zwijn

le poisson

de vis

la tortue

de schildpad

le morse

de walrus

le renard

de vos

la gazelle

de gazelle

le zoo - de dierentuin

61

les sports
de sport

l'american Football
American football

le cyclisme
wielrennen

le tennis
tennis

le basket-ball
basketbal

la natation
zwemmen

la boxe
boksen

le hockey sur glace
ijshockey

le football
voetbal

le badminton
badminton

l'athlétisme
atletiek

le handball
handbal

le ski
skiën

le polo
polo

les activités
de activiteiten

sauter
springen
embrasser
knuffelen
rire
lachen
marcher
lopen
chanter
zingen
rêver
dromen
prier
bidden
faire la bise
kussen

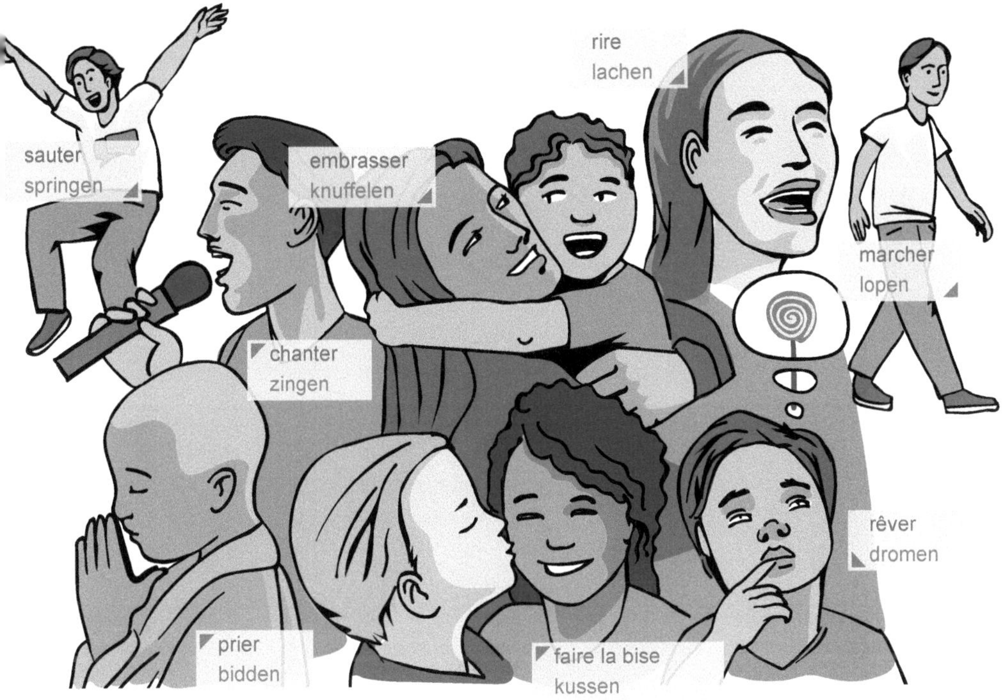

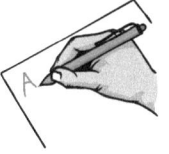

écrire
....
schrijven

dessiner
....
tekenen

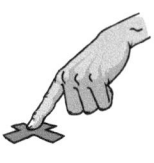

montrer
....
tonen

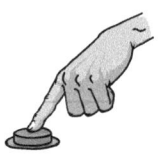

pousser
....
duwen

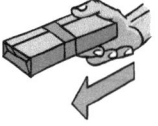

donner
....
geven

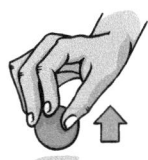

prendre
....
oppakken

avoir

hebben

faire

doen

être

zijn

être debout

staan

courir

rennen

trier

trekken

jeter

gooien

tomber

vallen

être couché

liggen

attendre

wachten

porter

dragen

être assis

zitten

s'habiller

aankleden

dormir

slapen

se réveiller

wakker worden

regarder

bekijken

pleurer

huilen

caresser

strelen

peigner

kammen

parler

praten

comprendre

begrijpen

demander

vragen

écouter

horen

boire

drinken

manger

eten

ranger

opruimen

aimer

houden van

cuire

koken

conduire

rijden

voler

vliegen

faire de la voile

zeilen

calculer

rekenen

lire

lezen

apprendre

leren

travailler

werken

se marier

trouwen

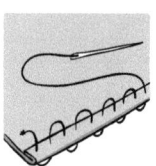

coudre

naaien

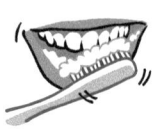

brosser les dents

tandenpoetsen

tuer

doden

fumer

roken

envoyer

verzenden

la famille
de familie

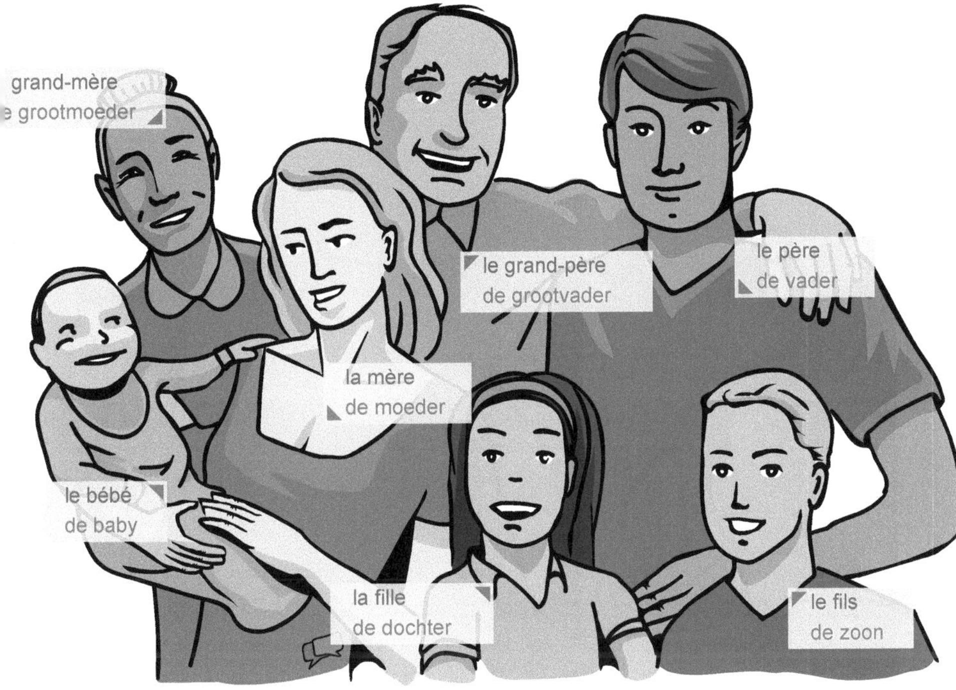
grand-mère
grootmoeder
le grand-père
de grootvader
le père
de vader
la mère
de moeder
le bébé
de baby
la fille
de dochter
le fils
de zoon

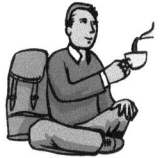

l'hôte
de gast

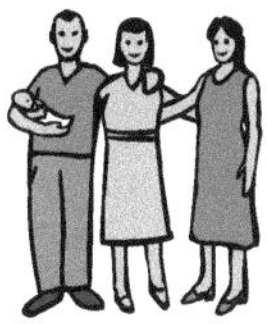
la tante
de tante

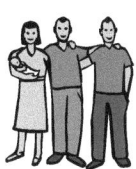

l'oncle
de oom

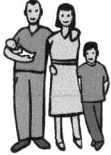

le frère
de broer

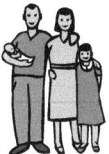

la sœur
de zus

le corps
het lichaam

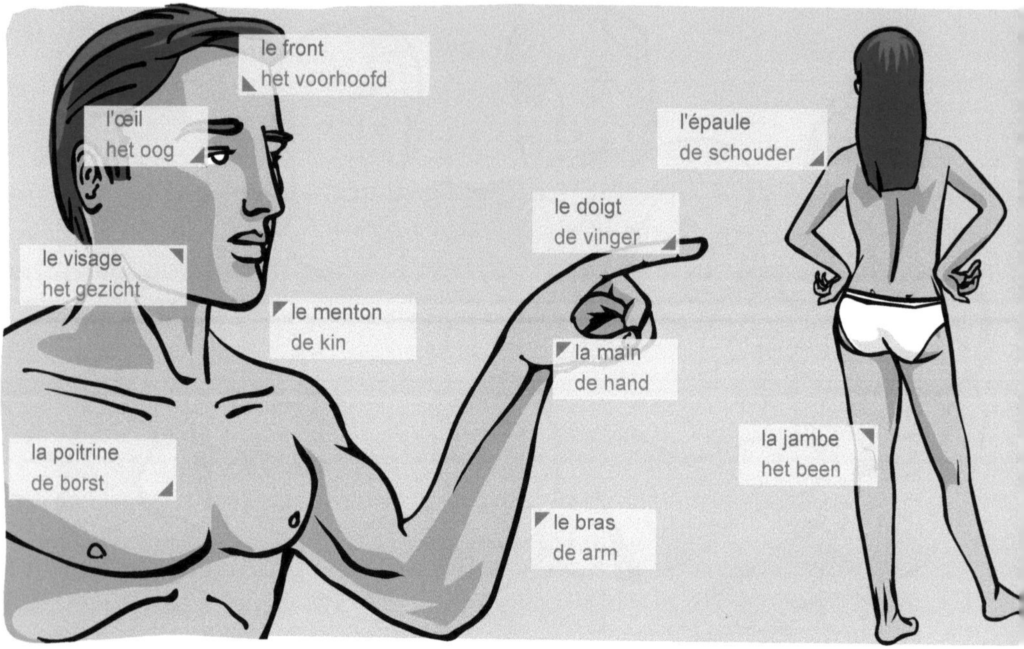

le front
het voorhoofd

l'œil
het oog

l'épaule
de schouder

le doigt
de vinger

le visage
het gezicht

le menton
de kin

la main
de hand

la poitrine
de borst

la jambe
het been

le bras
de arm

le bébé
de baby

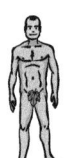

l'homme
de man

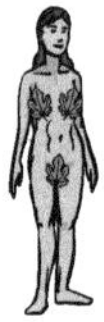

la femme
de vrouw

la fille
het meisje

le garçon
de jongen

la tête
het hoofd

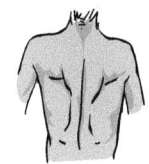

le dos

de rug

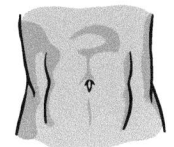

le ventre

de buik

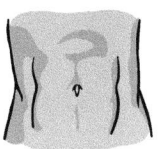

le nombril

de navel

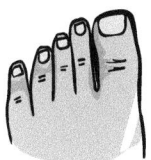

l'orteil

de teen

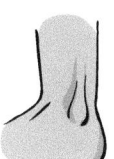

le talon

de hiel

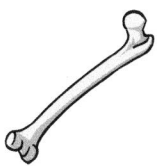

l'os

het bot

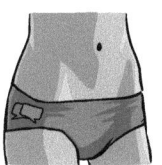

la hanche

de heup

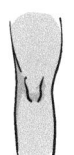

le genou

de knie

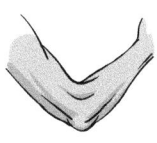

le coude

de elleboog

le nez

de neus

les fesses

het achterwerk

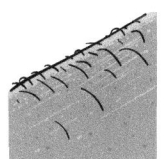

la peau

de huid

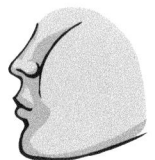

la joue

de wang

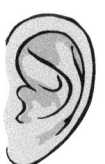

l'oreille

het oor

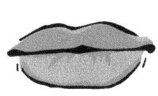

la lèvre

de lippen

la bouche

de mond

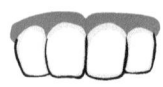

la dent

de tand

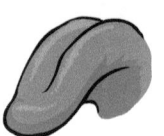

la langue

de tong

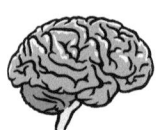

le cerveau

de hersenen

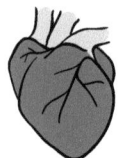

le cœur

het hart

le muscle

de spier

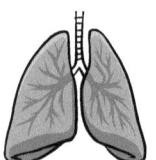

les poumons

de long

le foie

de lever

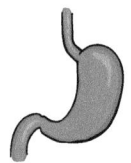

l'estomac

de maag

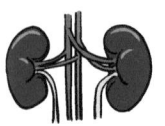

les reins

de nieren

le rapport sexuel

de geslachtsgemeenschap

le préservatif

het condoom

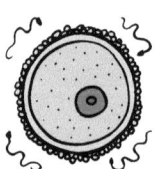

l'ovule

de eicel

le sperme

het sperma

la grossesse

de zwangerschap

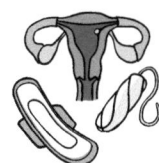

la menstruation

de menstruatie

le vagin

de vagina

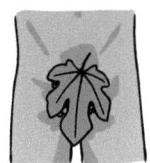

le pénis

de penis

le sourcil

de wenkbrauw

les cheveux

het haar

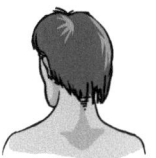

le cou

de hals

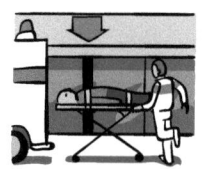

l'hôpital
het ziekenhuis

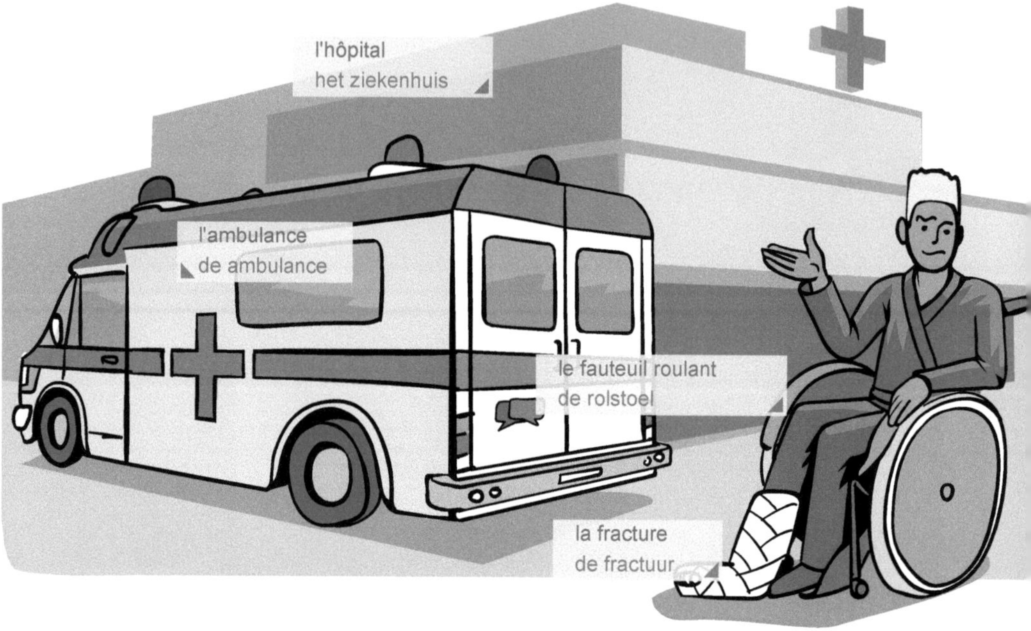

l'hôpital
het ziekenhuis
l'ambulance
de ambulance
le fauteuil roulant
de rolstoel
la fracture
de fractuur

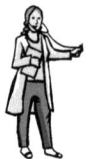

le médecin

de dokter

le service des urgences

de EHBO

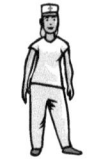

l'infirmière

de verpleegster

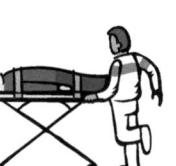

l'urgence

het noodgeval

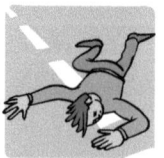

inconscient

bewusteloos

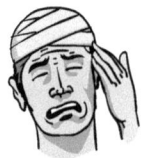

la douleur

de pijn

la blessure

de verwonding

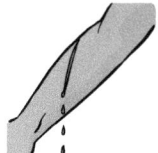

l'hémorragie

de bloeding

la crise cardiaque

de hartaanval

l'attaque cérébrale

de beroerte

l'allergie

de allergie

la toux

de hoest

la fièvre

de koorts

la grippe

de griep

la diarrhée

de diarree

le mal de tête

de hoofdpijn

le cancer

de kanker

le diabète

de diabetes

le chirurgien

de chirurg

le scalpel

het scalpel

l'opération

de operatie

l'hôpital - het ziekenhuis

le CT

de CT

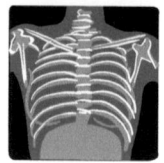

la radiographie

de röntgen

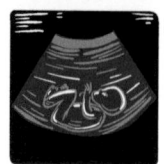

l'échographie

de echografie

le masque

het gezichtsmasker

la maladie

de ziekte

la salle d'attente

de wachtkamer

la béquille

de kruk

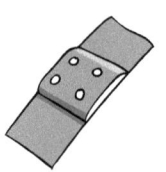

le pansement

de pleister

le pansement

het verband

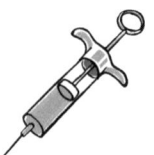

l'injection

de injectie

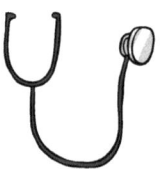

le stéthoscope

de stethoscoop

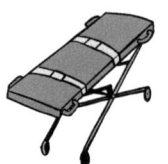

le brancard

de brancard

le thermomètre

de thermometer

l'accouchement

de geboorte

la surcharge pondérale

het overgewicht

l'appareil auditif

het gehoorapparaat

le désinfectant

het ontsmettingsmiddel

l'infection

de infectie

le virus

het virus

le VIH / le sida

(de) HIV / AIDS

le médicament

het medicijn

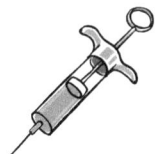

la vaccination

de inenting

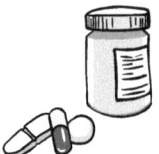

les comprimés

de tabletten

la pilule

de pil

l'appel d'urgence

het alarmnummer

le tensiomètre

de bloeddrukmeter

malade / sain

ziek / gezond

Au secours !

Help!

l'alarme

het alarm

l'assaut

de overval

l'attaque

de aanval

le danger

het gevaar

la sortie de secours

de nooduitgang

Au feu!

Brand!

l'extincteur

de brandblusser

l'accident

het ongeluk

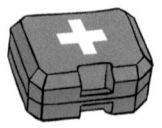

la trousse de premier
secours

de EHBO-koffer

SOS

SOS

la police

de politie

l'Europe

Europa

l'Amérique du Nord

Noord-Amerika

l'Amérique du Sud

Zuid-Amerika

l'Afrique

Afrika

l'Asie

Azië

l'Australie

Australië

l'Océan atlantique

de Atlantische Oceaan

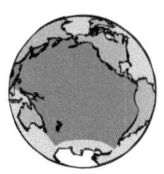

l'Océan pacifique

de Stille Oceaan

l'Océan indien

de Indische Oceaan

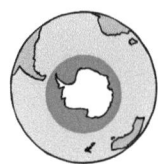

l'Océan antarctique

de Zuidelijke Oceaan

l'Océan arctique

de Noordelijke IJszee

le Pôle nord

de Noordpool

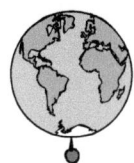

le Pôle sud

de Zuidpool

l'Antarctique

Antarctica

la terre

de aarde

le pays

het land

la mer

de zee

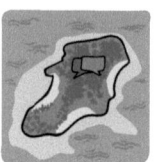

l'île

het eiland

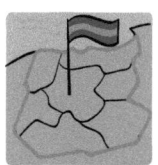

la nation

de natie

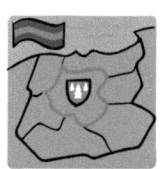

l'état

de staat

le cadran

de wijzerplaat

l'aiguille des heures

de uurwijzer

l'aiguille des minutes

de minutenwijzer

l'aiguille des secondes

de secondewijzer

Quelle heure est-il ?

Hoe laat is het?

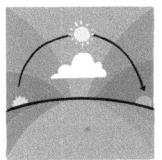

le jour

de dag

le temps

de tijd

maintenant

nu

la montre digitale

het digitaal horloge

la minute

de minuut

l'heure

het uur

la semaine
de week

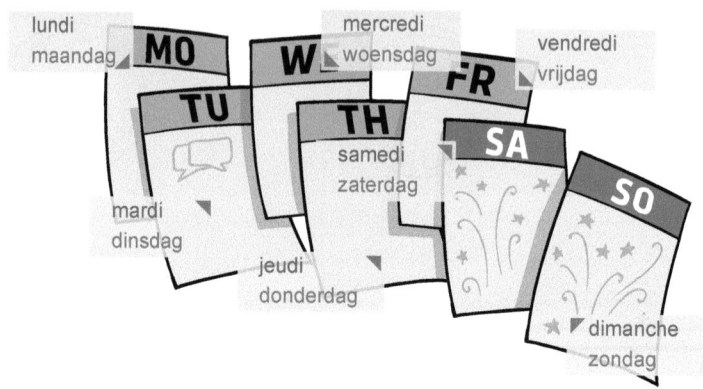

lundi / maandag — MO
mardi / dinsdag — TU
mercredi / woensdag — W
jeudi / donderdag — TH
vendredi / vrijdag — FR
samedi / zaterdag — SA
dimanche / zondag — SO

hier
gisteren

aujourd'hui
vandaag

demain
morgen

le matin
de ochtend

le midi
de middag

le soir
de avond

les jours ouvrables
de werkdagen

le week-end
het weekend

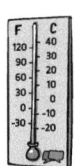

l'année
het jaar

l'arc-en-ciel
de regenboog
la pluie
de regen
la neige
de sneeuw
le vent
de wind
le printemps
het voorjaar
l'automne
de herfst
l'été
de zomer
l'hiver
de winter

4.APRIL 11°
5.APRIL 4°
6.APRIL 13°
7.APRIL 8°
8.APRIL 10°

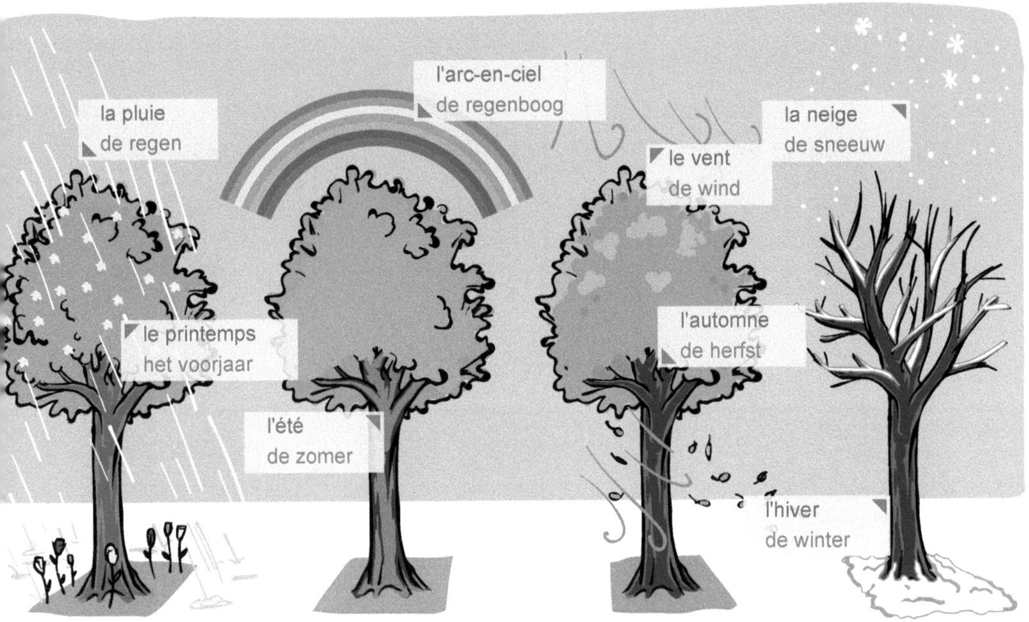

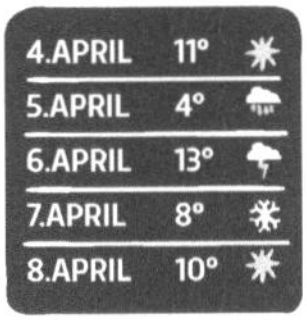

la météo
....
het weerbericht

F C
120 40
90 30
60 20
30 10
0 0
-30 -10
-20

le thermomètre
....
de thermometer

la lumière du soleil
....
de zonneschijn

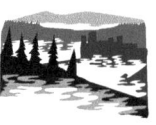

le nuage
....
de wolk

le brouillard
....
de mist

l'humidité
....
de luchtvochtigheid

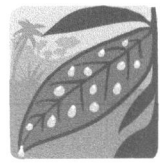

la foudre

de bliksem

la tonnerre

de donder

la tempête

de storm

la grêle

de hagel

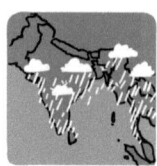

la mousson

de moesson

l'inondation

de overstroming

la glace

het ijs

janvier

januari

février

februari

mars

maart

avril

april

mai

mei

juin

juni

juillet

juli

août

augustus

82   l'année - het jaar

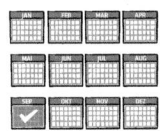

septembre

september

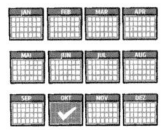

octobre

oktober

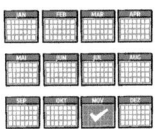

novembre

november

décembre

december

les formes
de vormen

le cercle

de cirkel

le carré

het vierkant

le rectangle

de rechthoek

le triangle

de driehoek

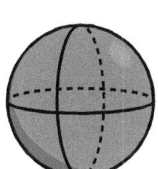

la sphère

de bol

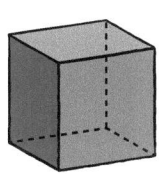

le cube

de kubus

les couleurs
de kleuren

blanc

wit

jaune

geel

orange

oranje

rose

roze

rouge

rood

violet

paars

bleu

blauw

vert

groen

marron

bruin

gris

grijs

noir

zwart

beaucoup / peu

veel / weinig

fâché / calme

boos / rustig

joli / laid

mooi / lelijk

le début / la fin

begin / einde

grand / petit

groot / klein

clair / obscure

licht / donker

frère / soeur

broer / zus

propre / sale

schoon / vies

complet / incomplet

volledig / onvolledig

le jour / la nuit

dag/ nacht

mort / vivant

dood / levend

large / étroit

breed / smal

comestible / incomestible

eetbaar / oneetbaar

méchant / gentil

gemeen / aardig

excité / ennuyé

opgewonden / verveeld

gros / mince

dik / dun

le premier / le dernier

eerste / laatste

l'ami / l'ennemi

vriend / vijand

plein / vide

vol / leeg

dur / souple

hard / zacht

lourd / léger

zwaar / licht

faim / soif

honger / dorst

malade / sain

ziek / gezond

illégal / légal

illegaal / legaal

intelligent / stupide

intelligent / dom

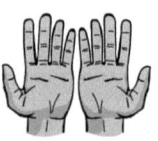

gauche / droite

links / rechts

proche / loin

dichtbij / ver

nouveau / usé

nieuw / gebruikt

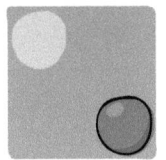

rien / quelque chose

niets / iets

vieux / jeune

oud / jong

marche / arrêt

aan / uit

ouvert / fermé

open / gesloten

faible / fort

zacht / luid

riche / pauvre

rijk / arm

correct / incorrect

goed / fout

rugueux / lisse

ruw / glad

triste / heureux

verdrietig / gelukkig

court / long

kort / lang

lent / rapide

langzaam / snel

mouillé / sec

nat / droog

chaud / froid

warm / koel

la guerre / la paix

oorlog / vrede

les nombres
de getallen

0
zéro
nul

1
un / une
één

2
deux
twee

3
trois
drie

4
quatre
vier

5
cinq
vijf

6
six
zes

7
sept
zeven

8
huit
acht

9
neuf
negen

10
dix
tien

11
onze
elf

12

douze

twaalf

13

treize

dertien

14

quatorze

veertien

15

quinze

vijftien

16

seize

zestien

17

dix-sept

zeventien

18

dix-huit

achttien

19

dix-neuf

negentien

20

vingt

twintig

100

cent

honderd

1.000

mille

duizend

1.000.000

le million

miljoen

les langues
de talen

l'anglais

Engels

l'anglais américain

Amerikaans Engels

le chinois mandarin

Chinees Mandarijn

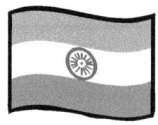

le hindi

Hindi

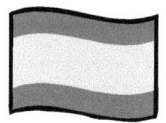

l'espagnol

Spaans

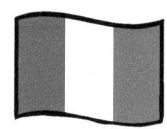

le français

Frans

l'arabe

Arabisch

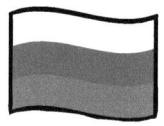

le russe

Russisch

le portugais

Portugees

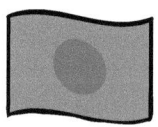

le bengali

Bengalees

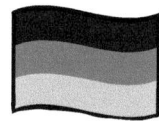

l'allemand

Duits

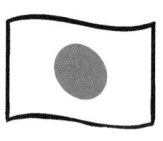

le japonais

Japans

je

ik

tu

jij

il / elle / ce, c', cela

hij / zij / het

nous

wij

vous

jullie

ils / elles

zij

Qui ?

wie?

Quoi ?

wat?

Comment ?

hoe?

Où ?

waar?

Quand ?

wanneer?

le nom

de naam

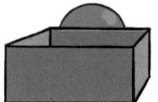

derrière

achter

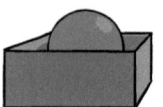

dans

in

devant

voor

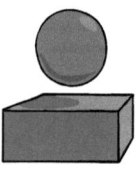

au-dessus

boven

sur

op

en-dessous

onder

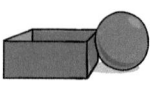

à côté de

naast

entre

tussen

le lieu

plaats